BEI GRIN MACHT SICH IHR WISSEN BEZAHLT

AF173413

- Wir veröffentlichen Ihre Hausarbeit,
  Bachelor- und Masterarbeit

- Ihr eigenes eBook und Buch -
  weltweit in allen wichtigen Shops

- Verdienen Sie an jedem Verkauf

Jetzt bei www.GRIN.com hochladen und kostenlos publizieren

Jens Goldschmidt

Globalisierung: Ein neuer Begriff für ein altes Phänomen?

GRIN Verlag

Bibliografische Information der Deutschen Nationalbibliothek:

Die Deutsche Bibliothek verzeichnet diese Publikation in der Deutschen National-
bibliografie; detaillierte bibliografische Daten sind im Internet über http://dnb.d-
nb.de/ abrufbar.

Impressum:

Copyright © 2004 GRIN Verlag GmbH
Druck und Bindung: Books on Demand GmbH, Norderstedt Germany
ISBN: 978-3-656-02514-6

Dieses Buch bei GRIN:

http://www.grin.com/de/e-book/179904/globalisierung-ein-neuer-begriff-fuer-ein-
altes-phaenomen

GRIN - Your knowledge has value

Der GRIN Verlag publiziert seit 1998 wissenschaftliche Arbeiten von Studenten, Hochschullehrern und anderen Akademikern als eBook und gedrucktes Buch. Die Verlagswebsite www.grin.com ist die ideale Plattform zur Veröffentlichung von Hausarbeiten, Abschlussarbeiten, wissenschaftlichen Aufsätzen, Dissertationen und Fachbüchern.

Besuchen Sie uns im Internet:

http://www.grin.com/

http://www.facebook.com/grincom

http://www.twitter.com/grin_com

Facharbeit

Im Leistungskurs Politik PO 215

Thema:

Globalisierung: Ein neuer Begriff für ein altes Phänomen?

Verfasser: Jens Goldschmidt

Abgabetermin: 17.03.2004

Inhaltsverzeichnis

1. Einleitung:

„Alle Entwicklungen vor dem Beginn der 1990er Jahre verdienen den Terminus Globalisierung nicht. Die Globalisierung begann, als sich die modernen Kommunikationstechniken explosiv über die ganze Erde ausbreiteten und als sich die ideologischen Systeme aufzulösen begannen. [...]" [1]

Der Begriff Globalisierung ist aus der politischen Diskussion in der heutigen Zeit kaum wegzudenken. Die Globalisierung hat eine breit gefächerte Debatte hervorgerufen und ist für eine Vielzahl politischer, kultureller aber vorwiegend wirtschaftlicher Veränderungen verantwortlich. Neben den im Mittelpunkt stehenden Problemen in der Globalisierungsdebatte wie etwa Umwelt oder die Einbindung der dritten Welt in die Weltwirtschaft gewinnt jedoch ein weiterer Ansatz ebenfalls an Bedeutung, nämlich ob dieses Zitat des Wirtschaftswissenschaftlers Ulrich von Weizsäcker zutreffend ist. Um zu klären, ob der Begriff Globalisierung eine neue Erfindung des ausgehenden 20. Jahrhunderts oder aber tatsächlich nur ein neuer Begriff für ein altes Phänomen ist, ist es notwendig, sich einen Überblick über die einzelnen Phasen der weltwirtschaftlichen Entwicklung zu verschaffen. Im ersten Teil dieser Arbeit werden daher die einzelnen Epochen der weltwirtschaftlichen Entwicklung dargestellt, um sie dann im zweiten Teil der Arbeit mit der modernen Definition des Begriffs Globalisierung abzugleichen. Hierbei soll insbesondere darauf Wert gelegt werden, mögliche Parallelen aber auch Unterschiede zwischen früheren Entwicklungsstufen und dem heutigen Stand der Globalisierung aufzuzeigen.

Aufgrund des großen Umfangs des Themas und um die Länge der Arbeit in Grenzen zu halten, beschränke ich mich auf den wirtschaftlichen Teil der Globalisierung und gehe auf kulturelle Aspekte weitestgehend nicht ein.

---

[1] Weizsäcker, Ernst Ulrich von in: „Das Parlament", 51. Jahrgang / Nr. 3-4, Berlin, den 19.01.2001, Seite 2

2. Globalisierung, gestern und heute

2.1 Weltwirtschaft in der Vergangenheit

Internationale Wirtschaftskooperationen gab es schon seit mehr als 1000 Jahren. Ausdruck dessen war zum Beispiel die Seidenstraße, die um 1300 China und den Mittelmeerraum verbunden hatte.[2] Für meine Arbeit sind jedoch nur diejenigen weltwirtschaftlichen Entwicklungen von Bedeutung, die mit der Zeit des Imperialismus einhergehen. Vom Beginn der Kolonialisierung bis in die heutige Zeit durchlebte die Weltwirtschaft nämlich einige brisante Veränderungen, die im Folgenden erläutert werden sollen.

2.1.1 Imperialismus und Industrialisierung

Während der Zeit des Imperialismus erlangten die Europäer die Kontrolle über die Weltmeere. Hiermit war ein Grundstein für die Kolonialisierung einer Vielzahl von Staaten gelegt. In weiten Teilen der Welt waren es nun die Europäer, die sich an Orten niederließen, die wirtschaftlich von großer Bedeutung waren, wodurch der Handelsverkehr unter den Staaten gestärkt wurde.

Großbritannien musste zum Beispiel schon zu dieser Zeit den gesamten Bedarf an Baumwolle für seine Industrie über Rohstoff-Importe decken. Fast überall in Europa war es durch den Einsatz von Dampfmaschinen und anderen technischen Neuerungen in der Herstellung von Konsumgütern nun möglich, Rohstoffe, die sonst nicht in Europa abbaubar waren, zu verarbeiten. Hierzu gehörte etwa die Baumwolle, die überwiegend in Mittel- und Südamerika abgebaut wurde.

Anspruchsvolle, technische Großprojekte wie der Bau von Durchgangsverbindungen in Form von Eisenbahnlinien wie der Bagdad-Bahn, die ab 1903 Istanbul und Bagdad verbunden hatte beschleunigten den internationalen Handel. Man war nun dazu fähig, Massengüter über große Entfernungen zu transportieren. Als besonders dramatische Neuerung in der damaligen Zeit galt die Telegraphie. Als 1866 das erste Transatlantikkabel in Betrieb genommen wurde, erhöhte sich die Übermittlungsgeschwindigkeit von Nachrichten um den Faktor 10000.[3]

Drei Viertel des internationalen Handels konzentrierten sich ab Mitte der 1870er Jahre allerdings in Europa und innerhalb eines Dreiecks, dessen Ecken Westeuro-

---

[2] Vgl. Jürgen Osterhammel, Niels P. Petterson: Geschichte der Globalisierung, Seite 29
[3] Vgl. ebd., Seite 49-54

pa, Nordamerika und Australien bildeten; unter den Kolonien waren zu dieser Zeit nur Südafrika und Indien wichtig, vor allem aufgrund der weit verbreiteten Plantagenwirtschaft, die es dort zu dieser Zeit gab.[4] Großen Einfluss auf die meisten Entwicklungen in der damaligen Zeit hatten unbestritten Großbritannien und die USA, die daher auch als die „Herren und Organisatoren der neuen weltwirtschaftlichen Integration"[5] bezeichnet werden.

2.1.2 Globalitätserfahrungen um die Jahrhundertwende

Die Zeit um die Jahrhundertwende ist geprägt durch eine große Anzahl technischer Neuerungen, die überwiegend den weltweiten Handel vereinfachten und ihn ebenso voranbrachten. So einigten sich beispielsweise die meisten Staaten auf die von Greenwich ausgerichteten Zeitzonen und man wurde durch die Erfindung des Automobils, der Trambahn sowie des Omnibusses mobiler. Während der Holzkrise um die Jahrhundertwende machte man sich jedoch auch zum ersten Mal Gedanken über das Weltklima, sodass bald die ersten systematischen Erkenntnisse über Klimaentwicklungen und ihre Auswirkungen vorlagen. Der Beginn des Motorflugs 1903 hatte zu Folge, dass bis 1911 sämtliche Teile der Erde entdeckt worden waren.

Des weiteren reagierten jetzt erstmals große Industrieunternehmen auf die Ausweitung ihrer Absatzgebiete, indem sie Zweitwerke im Ausland errichteten. In Afrika, das 1912 komplett unter europäischer Kolonialherrschaft stand, florierte zu dieser Zeit die Plantagenwirtschaft. Man konzentrierte sich fast ausschließlich auf den Export der typischen Plantagenprodukte wie Kaffee, Tee, Tabak und Kautschuk.[6]

2.1.3 Globalisierung bis 1970 – Ost-West-Konflikt

Nach dem ersten Weltkrieg, der laut Jürgen Osterhammel weniger durch koloniale Konflikte unter den Großmächten sondern eher ein Resultat interner Krisen weniger eingebundener Staaten und Regionen Europas war, wurde der Nationalstaat, der nun als die Normalform politischer Organisationsform galt, in weiten Teilen der Erde eingeführt.

---

[5] Jürgen Osterhammel, Niels P. Petterson: Geschichte der Globalisierung, Seite 61
[6] Vgl. ebd., Seite 64-72

Schon während der Zeit des Krieges zeichnete sich ab, dass eine neue Epoche der Kriegsführung angebrochen war. Durch den Krieg erzwang man Handelsblockaden, beschlagnahmte Waren und zerstörte gezielt Kommunikationseinrichtungen und die Schifffahrt, um dem Kriegsgegner wichtige wirtschaftliche Grundlagen für den Krieg zu nehmen.[7]

Mit der Weltwirtschaftskrise[8] begann dann die Zeit wirtschaftlicher Rezession, sodass der Welthandel zwischen 1929 und 1935 um 60 % einbrach und beinahe zum erliegen kam. Der Grund hierfür war unter anderem auch, dass der Warenaustausch und der Kapitalverkehr an unterschiedliche politische Vorgaben der teilweise neu entstandenen (Nachfolge-)Staaten[9] gebunden war. Im Gegensatz zu den USA, die durch den Krieg zu einem wichtigen Kapitalexporteur wurden, hatten viele am Krieg beteiligte Länder mit den Wiederaufbaulasten und den Kriegskosten zu kämpfen, sodass außenwirtschaftliche Interessen oft zweitrangig waren.[10] Am Ende des zweiten Weltkriegs, der bis heute der verlustreichste und verheerendste Krieg in der Geschichte ist, traten die USA als die große wirtschaftliche Weltmacht auf. Da Amerika aufgrund seiner geographischen Lage für Kriegshandlungen weitestgehend unerreichbar blieb, wenn man vom japanischen Angriff auf Pearl Habour 1941 absieht, entwickelten sich die Produktionsweisen auch in Zeiten des Krieges weiter. Im Zuge der Rationalisierung und Modernisierung erreichte man Vollbeschäftigung und galt nunmehr als das Vorbild für den Wiederaufbau und die Erholung der Wirtschaft in der westlichen Welt.[11]

Die Nachkriegszeit galt als das goldene Zeitalter der Weltwirtschaft, sie brachte eine Vielzahl einschneidender Veränderungen und Verbesserungen in der wirtschaftlichen Zusammenarbeit einiger Staaten mit sich. Diese Kooperationen hatten jedoch weniger weltweiten Charakter sondern waren eher auf Handlungsräume zwischen Nachbarstaaten beschränkt. Dies ergab sich unter anderem aus dem Warenaustausch im Zuge des Wiederaufbaus.

Durch die Auseinandersetzung zwischen den USA und der UdSSR, die beide im Gegensatz zu vielen anderen am Krieg beteiligten Staaten einen klaren Machtvor-

---

[7] Vgl. ebd., Seite 75 ff
[8] Von den USA ausgehende weltwirtschaftliche Krise von 1929-1933. Als in den USA die Börsenkurse einbrachen kam es infolge dessen zu heftigen Preisstürzen. Aufgrund der Abhängigkeit vieler Staaten von den USA wie etwa Deutschland, die dort eine Vielzahl von Anleihen hatten, letztlich auch zur Schrumpfung der weltwirtschaftlichen Beziehungen.
[9] Die Staaten, die in Folge des 1. Weltkriegs aus dem Großreich Österreich-Ungarn entstanden sind. Also entweder neu gegründet(z.B. Österreich) oder vergrößert wurden (z.B. Jugoslawien).
[10] Vgl. Jürgen Osterhammel, Niels P. Petterson: Geschichte der Globalisierung, Seite 80
[11] Vgl. ebd., Seite 85

sprung hatten, kam es dann zur Spaltung Europas. Auf der einen Seite versuchte die UdSSR den Kommunismus nach Westeuropa zu tragen und auf der anderen Seite waren es die USA, die dieser Entwicklung entgegenwirken wollten. Ausdruck dessen war nicht nur die Annäherung an China sondern auch die Besetzung Westeuropas und insbesondere Deutschlands zum Schutz gegen die kommunistische Sowjetunion. Zur Machtdemonstration und zur gegenseitigen Abschreckung bei der Durchsetzung der jeweiligen Vorhaben dienten radar- und satellitengestützte Luftraumüberwachung sowie Nuklearwaffen, zu deren Einsatz es jedoch nie kam.

Den Grundstein für die Nachkriegsentwicklung der Weltwirtschaft legte jedoch 1944 die Konferenz von Bretton Woods, auf der der *„rechtliche und institutionelle Rahmen für eine freie Weltwirtschaft"*[12] festgelegt wurde.

2.2 Globalisierung in der heutigen Zeit

2.2.1 Bretton Woods – Der wahre Startschuss für die Globalisierung?

Als vom 01.-23.07.1944 in Bretton Woods, einem kleinen Ort im US-Bundesstaat New Hampshire, eine Währungs- und Finanzkonferenz der UNO, zu der zu diesem Zeitpunkt 44 Staaten angehörten, stattfand, konnte man noch nicht erahnen, dass dieses Treffen bis heute als eines der wichtigsten Ereignisse in der Globalisierungsgeschichte gilt. Mit der Gründung des IWF (Internationaler Währungsfonds) und der Weltbank (auch IBRD, International Bank for Reconstruction and Development) war der Grundstein für eine neue Wirtschafts- und Finanzordnung der Nachkriegszeit gelegt.

2.2.2 Gründung des IWF und der Weltbank

Wie bereits aus Punkt 2.2.1 hervorgeht, waren sowohl die Weltbank als auch der IWF Resultate der Konferenz in Bretton Woods 1944. Die Pläne für beide Institutionen wurden vom damaligen Staatssekretär im US-Schatzministerium Harry Dexter White und dem britischen Wirtschaftswissenschaftler und Nationalöko-

---

[12] Ebd., Seite 93

nom John Meynard Keynes ausgearbeitet. Beide Institutionen befassen sich mit der Globalisierung besonders in wirtschaftlicher Hinsicht.[13]

Der IWF war zunächst dazu gegründet worden, ein Währungssystem mit stabilen Wechselkursen zu errichten, um somit den weltweiten Handel so einfach wie möglich aber ebenso so fair wie möglich zu gestalten. Wechselkurse einer Währung sollten nur noch dann geändert werden, wenn fundamentale Ungleichgewichte zwischen Handelspartnern bestünden. In allen anderen Fällen sollten dagegen Devisen aus einem gemeinsamen Fond, an dem alle Mitgliedstaaten gemäß der von ihnen gezahlten Quoten (Reservetranchen) beteiligt waren, den Mitgliedern in ihrer wirtschaftlichen Situation helfen. Kredite, die über diese Quote hinausgingen (Kredittranche), waren jedoch mit Zinskosten und wirtschaftspolitischen Auflagen verbunden. Dieses System scheiterte jedoch 1973. Einen genauen Grund für das Scheitern gibt es nicht, es bestehen lediglich einige Ansätze dazu. Eine Vermutung ist, dass je mehr Welthandel und Wirtschaft zustande kam und sich damit die Mengen der im Umlauf befindlichen Dollars ausweitete, desto schwieriger und unrealistischer wurde eine Umsetzung der Golddeckung, die mit dem System fester Wechselkurse verbunden war. Staaten waren nämlich der Auffassung, dass die Geldmenge, die insgesamt in einem Staat im Umlauf ist, durch die gleiche Menge an Gold abgesichert sein müsse.[14]

Danach verlief der Ausgleich von Zahlungsbilanzen über private Banken und die Wechselkurse richteten sich nach den Devisenmärkten. Nachdem man aber bis in die späten 1970er Jahre noch auf Mittel des IWF zurückgegriffen hatte, bediente sich ein Großteil der damaligen G7-Staaten, zu denen die sieben führenden westlichen Industriestaaten Deutschland, Frankreich, Großbritannien, Italien, Japan, Kanada sowie die USA gehörten, an ihre Reservetranchen. So zum Beispiel auch die USA, die etwa 1978 die Stabilisierung des Dollars über Reservetranchen des IWF finanzierten.

Heutzutage übernimmt der nicht ganz unumstrittene IWF[15] jedoch überwiegend andere Aufgaben. Es geht nun vielmehr darum, Langzeitkredite an Entwicklungsländer zu vergeben, um ihnen in Zeiten der Globalisierung, die sich auf eine Vielzahl der Entwicklungsländer negativ auswirkt, wirtschaftlich weiterzuhelfen. Kredite werden jedoch ebenfalls an andere, durchaus auch reichere Mitgliedstaaten

---

[13] Vgl. http://www.contracom.de/artikel/brettonwoods.htm
[14] Vgl. http://www.contracom.de/artikel/grund2.htm
[15] siehe Kapitel 2.2.5

vergeben, etwa dann, wenn Staaten kurzfristig Probleme haben, ihren Zahlungs-
pflichten gegenüber Handelspartnern nachzukommen. Das größte Bestreben und
die Hauptaufgabe des IWF, zu dem zur Zeit 184 Staaten gehören, liegt darin, die
Währungen der Mitgliedsländer unter einander so konvertibel, also aus- und um-
tauschbar, wie möglich zu halten, damit der weltweite Handel zwischen jedem
beliebigen Staat möglich ist. Um hierbei erfolgreich zu sein ist es notwendig, dass
möglichst viele Staaten Mitglieder sind wodurch mehr finanzielle Mittel zur Verfügung stehen. [16]
Zur Rolle der Weltbank, die heute über mehr als 180 Mitgliedstaaten verfügt, ist
wichtig zu sagen, dass sie und der IWF eng miteinander verknüpft sind. Häufig ist
von einer gegenseitigen Ergänzung die Rede. Betrachtet man die Aufgabenberei-
che und Handlungen beider Institutionen, so wird dieses deutlich.

Einerseits der IWF, der sich sowohl um arme als auch um reiche Mitgliedsländer
kümmert, zum Beispiel durch die Überwachung der Weltwährungen oder durch
die Ausgabe von Krediten, und andererseits die Weltbank, die durch gezielte Kredite und Investitionen politische Reformen und Projekte ausschließlich in Entwicklungsländern unterstützt. Das Ziel, dass dadurch verfolgt wird, ist langfristi-
ges Wirtschaftswachstum und auch der Abbau von Armut in den Entwicklungsländern. Hierzu bringt die Weltbank jährlich einen Weltwirtschaftsbericht heraus
Dementsprechend legt also die Weltbank ihre Schwerpunkte auf soziale und
strukturelle Probleme, während sich der IWF im Dialog mit den Ländern um makroökonomische Probleme kümmert und sich mit dazugehörigen strukturellen
Fragen auseinandersetzt.[17]

2.2.3 Die OECD und die WTO

Wenn über Globalisierung gesprochen wird, so tauchen zwei Begriffe ebenso häufig auf wie Weltbank und IWF. Zum einen die WTO (World Trade Organization),
also die Welthandelsorganisation, die 1995 als Nachfolgeorganisation des General
Agreement on Tariffs and Trade (GATT) gegründet wurde und zum anderen die
OECD (Organization for Economic Cooperation and Developement) wurde 1961
in Paris als Nachfolger der OEEC (Organization for European Economic Cooperation) gegründet wurde und heute 29 Mitglieder in den westlichen Industrielän-
dern hat.

---

[16] Vgl. Klaus Müller: Globalisierung, Seite 93-98
[17] Vgl. http://siteresources.worldbank.org/EXTABOUTUS/Resources/IMF_GE.pdf

Die OECD und die WTO bedienen sich jedoch anderer Instrument als Weltbank und IWF, die sich vorwiegend auf die finanzielle Unterstützung ihrer Mitglieder konzentrieren. OECD und WTO wirken eher auf politischer Ebene. Das heißt, dass sich zum Beispiel die WTO die weitere Liberalisierung des Welthandels, Abbau der Zölle oder auch die Überwachung internationaler Handels- und Dienstleistungsregelungen zur ihren wichtigsten Aufgaben macht. Als Sonderorganisation der UN hat die WTO derzeit über 146 Mitglieder.

Die Hauptaufgaben der OECD bestehen in der Sicherung der Währungsstabilität, der Förderung des Welthandels sowie des wirtschaftlichen Wachstums und der Wirtschaftshilfe für Entwicklungsländer. Hierzu veröffentlich die OECD, der zur Zeit 30 Mitglieder angehören, regelmäßig erscheinende, wirtschaftspolitische Berichte, in denen der jeweilige „Status quo" der Weltwirtschaft analysiert wird.

Aufgrund ihrer wichtigen Bedeutung und ihres großen Einflusses, die die oben genannten Institutionen auf die Weltwirtschaft haben, gelangen sie häufig in das Fadenkreuz der Globalisierungskritiker. Darauf wird jedoch in 2.2.5 näher eingegangen.[18]

2.2.4 Wo stehen wir heute?

Nie war Globalisierung im Alltag stärker spürbar als heute. Bereits kleine Firmen kooperieren mit anderen Firmen auf der ganzen Welt, Menschen werden immer mobiler und verlassen ihr Heimatland, weil sie in der neuen Bleibe bessere Aussichten vermuten.

Viele Entwicklungen in den vergangenen 30 Jahren ließen überwiegend die wirtschaftlich stärkere westliche Welt, die besonders ab Anfang der 1980er Jahre unter dem Einfluss sehr vieler technischer Neuerungen wie der elektronischen Datenverarbeitung oder der Ausweitung der Telekommunikation stand, immer weiter zusammenwachsen. Seit dieser Zeit, also seit 1977 regelmäßige Weltwirtschaftsgipfel der G8-Staaten, der acht führenden Industrienationen Deutschland, Frankreich, Großbritannien, Italien, Japan, Kanada, USA und seit 1995 auch Russland, stattfinden, scheint die Zeit der grenzenlosen wirtschaftlichen Zusammenarbeit angebrochen zu sein. Heutzutage steht die Globalisierung im Zeichen der unter anderem durch Internet bereitgestellten kommunikativen Infrastruktur, sinkenden Transportkosten durch Schiff- und Luftfahrt, Intensivierung grenzüberschreiten-

---

[18] Vgl. Informationen zur politischen Bildung, Nr. 280/2003: Globalisierung, Seite 6

der Kontakte sowie auch stark zunehmender Finanztransaktionen wie etwa die In-Anspruchname von Krediten durch andere Staaten. Die überwiegende Abkehr vom Kommunismus und das von weltweit agierenden Handelsorganisationen prophezeite Ende der dritten Welt haben der Globalisierung einen weiteren Schub am Ende des Kalten Krieges gegeben. Auf dem Weg zu immer mehr Zusammenarbeit schlossen sich einige europäische Ländern zur Europäischen Union zusammen und einigten sich auf eine einheitliche Währung wodurch ein wirtschaftliches Gegengewicht zur USA und anderen sehr starken Industrienationen hergestellt werden konnte.

Nationale Entwicklungsmodelle und Sonderwege verloren ihre Überzeugungskraft und man bemühte sich um einen *„One World Consensus"*[19], eines wirtschaftlichen Zusammenlebens und –Rückens, mit dem ein jedes Land einverstanden sein sollte. Allerdings hat diese Entwicklung auch negative Auswirkungen. Neben den wirtschaftlich starken, reichen Länder und einer Gruppe Staaten, die auf einem guten Weg sind bald auch zu den großen zu gehören, existiert auch die Gruppe der Länder, die aufgrund ihrer Unterentwicklung nicht an den positiven Wirukngen Globalisierung teilhaben können. Oftmals üben die wirtschaftlich stärkere Länder Druck auf die Entwicklungsländer aus, indem sie wirtschaftliche Zusammenarbeit zwar anbieten, es jedoch unter den Entwicklungsländer zu einem Preiskampf kommt, von dem dann letztlich wieder nur das stärkere Land, welches das Angebot auf Zusammenarbeit gemacht hat, profitiert. Derartige Probleme stehen heutzutage ebenfalls im Zusammenhang mit Globalisierung.[20]

2.2.5 Kritiker, Gegner und Befürworter der Globalisierung

Ist von Globalisierung die Rede, so denken vermutlich viele an die jährlichen G8-Weltwirtschaftsgipfel und die Ausschreitungen, die damit jährlich einhergehen. Verantwortlich hierfür ist die so genannte Anti-Globalisierungsbewegung, die sich klar gegen die Globalisierung stellt. Hierzu gehören oftmals autonome Gruppierungen die versuchen mit Gewalt auf sich aufmerksam zu machen.

Ihr gegenüber steht eine Vielzahl von Globalisierungskritikern, die die Globalisierung nicht prinzipiell ablehnen, sondern lediglich die Form ihrer Umsetzung kriti-

---

[19] Klaus Müller: Globalisierung, Lizenzausgabe für die Bundeszentrale für politische Bildung, Seite 9
[20] Vgl. Klaus Müller: Globalisierung, Lizenzausgabe für die Bundeszentrale für politische Bildung, Seite 7-9

sieren. Als dritte Gruppe gibt es schließlich die Befürworter der Globalisierung, oftmals neoliberal denkende Wirtschaftswissenschaftler, die die Globalisierung für eine gute und unausweichliche Sache halten, in einer Welt, die ohnehin immer weiter zusammenwächst.

„Der Wirbelsturm, der die asiatischen Märkte verwüstet, bedroht die ganze Welt. [...] Die Globalisierung verhöhnt nationale Grenzen und schwächt die Macht der Staaten, die Demokratie, den Wohlstand und das Glück ihrer Völker zu sichern." Dieses Zitat des Chefredakteurs der französischen Zeitung Le Monde Diplomatique Ignacio Ramonet war im Dezember 1997 die Grundlage für die Gründung der „Vereinigung zur Besteuerung von Finanztransaktionen im Interesse der Bürgerinnen und Bürger", kurz Attac (Association pour une Taxation des Transactions Financieres pour l'aide aux Citoyens). Den Mitgliedern geht es bis heute darum, Finanztransaktionen im Interesse der Bürgerinnen und Bürger zu besteuern. Zum Beispiel durch die Tobin-Steuer. Bei ihr sollte bei jedem Umtausch von einer Währung in die andere eine kleine Steuer fällig werden, damit Spekulanten, die ihr Geld oftmals kurzfristig in Währungen anlegen und dadurch häufig geringste Kursunterschiede bei Devisen, Aktien und Wertpapieren ausnutzen, abgeschreckt werden.[21] Somit sollte die Rolle des Staates in einer sich globalisierenden Welt, in der die Aufgaben und die Macht des Staates zu sehr von internationalen Unternehmen und Finanzanlegern übernommen werden, laut Attac bewahrt werden. Eine Globalisierung im kulturellen Sinne befürwortet Attac während sie sich klar gegen die derzeitige Art der Globalisierung stellt, die vor allem die Gewinninteressen eben dieser internationalen Unternehmen und Finanzanlegern berücksichtigt.

Attac, das mittlerweile in 40 Ländern arbeitet, lehnt jegliche Form von Gewalt als Mittel politischer Auseinandersetzung ab und konzentriert sich stattdessen mehr auf die Durchführung von Demonstrationen oder die Veröffentlichung von Publikationen.[22]

Globalisierungskritiker wie Joseph Stiglitz, der bis 2000 selbst noch Mitglied der Weltbank war, sehen nicht in der Globalisierung an sich das Problem, sondern in ihrer Umsetzung. Seiner Meinung nach sind IWF, WTO und Weltbank das Problem, da sie die Spielregeln für die Globalisierung festlegten und diese dabei zu häufig aus der Perspektive der Wirtschaftsakteure gestalteten. Stiglitz setzt sich

[21] Vgl. http://www.attac.de/presse/010129tazpewa.php
[22] Vgl. Informationen zur politischen Bildung, Nr. 280/2003: Globalisierung, Bonn, Seite 5

für eine Umgestaltung der Institutionen ein, damit die Globalisierung so gestaltet werden kann, dass sie auch und vor allem ihr positives Potenzial freisetzt ohne dabei die schwächer entwickelten Länder außer Acht zu lassen. Des weiteren sollten Staaten davon absehen, ihre wirtschaftspolitischen Aktionen einzustellen und sich wieder mehr in die Wirtschaft einbinden. Anstatt sich alles von der freien Wirtschaft aus den Händen nehmen zu lassen solle der Staat selbst wieder aktiv werden indem er gezielte Maßnahmen treffe und makroökonomische Reformen etwa zur Senkung der Arbeitslosigkeit beschließe, die den Staat langsam auf die Privatisierung vorbereiteten, während der IWF eine zügige Privatisierung bevorzuge und häufig eine weitaus radikalere Art der Inflationsbekämpfung wähle.[23]

Karl Heinz Plaqué, Professor für Volkswirtschaft und Sachverständiger der Enquete-Kommission „Globalisierung" des Deutschen Bundestages befürwortet die Globalisierung und sieht in ihr Chancen zu mehr Wachstum durch mehr Handel mit Waren und Dienstleistungen und eine verstärkte Mobilität des Kapitals. Für die wirtschaftlich schwächer entwickelten Länder sieht er ebenfalls kein Problem. Nach seiner Auffassung gebe es neben den schwach entwickelten Teilen der Erde wie Afrika einige Schwellenländer, die auf einem guten Weg seien und sich in die Weltwirtschaft integriert hätten. Durch marktwirtschaftliche Reformen, wie sie in der Vergangenheit den sogenannten „Tigerländern" Ostasiens durchgeführt wurden, bestehe auch für bis dato arme Länder die Möglichkeit, sich weltwirtschaftlich zu integrieren. Ferner begrüßt Plaqué die Globalisierung aufgrund ihrer friedensstiftenden Wirkung. Kein Land führe demnach einen Krieg gegen ein anderes Land, von dem es wirtschaftlich abhängig sei. Wenn also alle Länder an der Globalisierung teilhätten, seien auch derartige Probleme aus der Welt geschafft.[24]

---

[23] Vgl. Joseph Stiglitz: Die Schatten der Globalisierung, Lizenzausgabe für die Bundeszentrale für politische Bildung, Seite 209 f
[24] Vgl. Karl-Heinz Plaqué in: „Das Parlament", 51. Jahrgang / Nr. 3-4, Berlin, den 19.01.2001, Seite 8

3. Ist die Globalisierung ein altes Phänomen in neuen Kleidern?

3.1 Parallelen

Wie schon in Kap. 2.1 erwähnt, hat es gestern wie heute, also sowohl in Zeiten des Imperialismus und des Kolonialismus als auch in der Nachkriegsglobalisierung internationale Wirtschaftskooperationen gegeben.

Wie in der heutigen Zeit arbeiteten viele Staaten zusammen. Es herrschte ein reger Warenaustausch, der unter anderem auch durch den Ausbau von Wasserwegen, Eisenbahnlinien oder später durch die Erfindung der Dampfmaschine, des Autos oder durch den Durchbruch der Luftfahrt, begünstigt wurde. Derartige Entwicklungen findet man ebenfalls heutzutage. Der Waren- und Datenaustausch konnte durch den Ausbau der Telekommunikation, der elektronischen Datenverarbeitung und durch die Erfindung des Internets deutlich beschleunigt werden. Der freie, globale Handel wurde somit in beiden Fällen ausgeweitet.

Betrachtet man die Weltexportquote 1913 mit der von 1973, so liegen beide bei 12 %.[25] Diese Zahlen sprechen für sich, denn wenn man bedenkt, wie weit die technische und weltwirtschaftliche Entwicklung bis 1913 im Vergleich zu 1973 fortgeschritten war, so sollte man eigentlich davon ausgehen, dass die Weltexportquote im Laufe der Zeit größer wird und nicht gleich bleibt.

Ein Indiz dafür, dass beide Formen der Globalisierung vergleichbar sind, liegt ebenfalls darin, dass die Länder, die heute am meisten an der Weltwirtschaft teilnehmen die gleichen sind wie auch früher. Wenn es um das Bruttoinlandsprodukt oder um Finanztransaktionen geht, so sind die Hauptakteure nach wie vor in der westlichen Welt zu finden.

Und auch die Auswirkungen von Krieg und Gewalt auf die Weltwirtschaft spielen bis heute eine Rolle. Waren es früher die Weltkriege, die die Globalisierung und den Warenaustausch insgesamt beeinflusst haben, so sind es heute zwar kleinere, aber dennoch sehr bedeutungsvolle Interventionen, die zu einer Störung der weltwirtschaftlichen Beziehungen führen, wie beispielsweise die Terroranschläge vom 11. September 2001 auf das World Trade Center in New York und der darauf folgende „Krieg gegen den Terrorismus" in Afghanistan und im Irak. Im Anschluss an beide Vorkommnisse, also sowohl an die Weltkriege als auch an die Terroran-

---

[25] Vgl. Karl-Heinz Plaqué: Globalisierung – Ein neuer Begriff für ein altes Phänomen? in: Wirtschaft und Politik, Arbeitsbuch für die gymnasiale Oberstufe, Seite 174

schläge auf das World Trade Center kam es zu Einbrüchen der Börsenkurse, die nach dem ersten Weltkrieg sogar zu einer Weltwirtschaftskrise führten.

Eine weitere Parallele ist, dass die Teilnahme am Welthandel schon immer eng mit dem Vorkommen von Rohstoffen und naturräumlichen Ressourcen verbunden war. So ist es zum Beispiel für ein Land mit einem großen Rohstoffvorkommen einfacher sich in der Weltwirtschaft zu etablieren, als für ein Land, dass nicht auf Rohstoffe zurückgreifen kann, da etwa keine Rohstoffe vorhanden sind und das Land selbst dementsprechend vom Warenimport der jeweiligen Rohstoffe abhängig ist.

Länder in Südamerika oder Afrika, die teilweise selbst unter Rohstoffmangel leiden, sind andererseits aber geprägt von der Plantagenwirtschaft. Auf groß angelegten Arealen wird mit Hilfe billiger Arbeitskräfte Tabak, Kaffee, Kautschuk oder Kakao abgebaut und in die ganze Welt exportiert. Dieses ist nichts neues, denn Plantagenwirtschaft und die Abnahme der aus ihr gewonnen Güter in aller Welt gab es schon zu Zeiten des Imperialismus und des Kolonialismus. Auch die Arbeitsbedingungen und die Anforderungen an die betroffenen Länder haben sich bis heute nur wenig geändert. Die Erwartungshaltung an die Entwicklungsländer ist noch immer die gleiche. Für möglichst wenig Geld möglichst viele Menschen einzustellen die dann wiederum das Maximum an Ertrag liefern sollen. Diese Form des Lohn-Dumpings setzt die Entwicklungsländer früher wie heute unter großen Druck.

Letztlich noch die Diskussion um Weltklima und Umweltpolitik, die zwar vor allem in den letzten 20 Jahren entfacht ist, aber eben auch schon um die Jahrhundertwende auftauchte. So gibt es weder heute noch früher strenge Umweltauflagen für Firmen, die Standorte in Entwicklungsländern haben. Es scheint keinen Staat zu interessieren, ob sich die Errichtung eines Zweigbetriebes im Ausland schlecht auf die Natur und die dort ansässigen Menschen auswirkt. Denkt man an das Giftgasunglück von Bhopal (Indien) 1984, so wird dieses deutlich. In der Chemiefabrik des US-Konzerns Union Carbride war es zu einem Zwischenfall gekommen. Betriebsauflagen waren nicht eingehalten worden sodass es zur Explosion eines mit dem Pflanzengift Sevin befüllten Tanks kam. 22000 Menschen starben an den Folgen dieses Unfalls.[26]

---

[26] Vgl.: Greenpeace Magazin, November-Dezember 2002, Seite 68

3.2 Differenzen

Dennoch sollte man sich ebenfalls darüber im klaren sein, dass ein Vergleich beider Formen im allgemeinen schwierig ist. So war die Art der Globalisierung in früheren Zeiten eine andere als die, die heute weit verbreitet ist. Früher galt das Prinzip des Rohstoffimports und des darauf folgenden Fertigwarenexports.[27] Als Beispiel hierfür ist die Textilindustrie in Großbritannien zu nennen. Auf Baumwollimport folgt der Export fertiger Kleidungsstücke. Diese einfache Form ist heute kaum noch zu finden. Für ein Produkt, beispielsweise eine Auto, dass in Deutschland gebaut wird, werden Getriebeteile aus Italien, Bremssysteme aus Frankreich oder Elektronik aus Japan importiert. Die Endfertigung erfolgt wiederum in Deutschland. Dieses Phänomen der internationalen Arbeitsteilung tauchte jedoch erst mit zunehmender Technisierung und technischen Neuerungen auf, als Produktionsweisen immer komplexer wurden und sich die Anforderungen und Erwartungen der Menschen an viele Produkte änderten.

Weiterhin wird die Globalisierung heutzutage stärker kontrolliert. Diese Kontrolle erfolgte früher durch den Staat, während sie heute mehr über die Kontrollinstitutionen IWF, Weltbank, OECD oder WTO erfolgen. Kontrollinstitutionen wie den deutschen Zollverein gab es zwar auch früher, sie wirkten jedoch nur auf nationaler Ebene, während IWF, Weltbank und später auch OECD und WTO heutzutage auf internationaler Ebene handeln. Die Konferenz von Bretton Woods brachte also weitreichende Veränderungen mit sich, deren Auswirkungen bis heute anhalten und die nicht mit früheren Zeiten vergleichbar sind. Eine Regelung etwa über die gerechte Verteilung finanzieller Mittel durch den IWF, wie es sie heute gibt, gab es früher genauso wenig wie Entwicklungshilfe für schwach entwickelte Länder.

Auch im Hinblick auf die Formen der wirtschaftlichen Zusammenarbeit zwischen Industrienationen gibt es Unterschiede. Beruhten frühere Formen der Globalisierung auf einfach gestrickten Mustern der Zusammenarbeit wie Verhandlungen um die Abwicklung und das Zustandekommen eines Geschäfts, so stehen heute Computer, Internet und Telekommunikation zur schnelleren Abwicklung von Handels-

---

[27] Vgl. Karl-Heinz Plaqué: Globalisierung – Ein neuer Begriff für ein altes Phänomen? in: Wirtschaft und Politik, Arbeitsbuch für die gymnasiale Oberstufe, Seite 174

abläufen und Vertragsabschlüssen zur Verfügung. Durch die Erfindung dieser Kommunikationseinrichtungen wächst die Welt also kontinuierlich noch weiter und vor allem noch schneller zusammen.

Während die Globalisierung früher lediglich an einigen, wirtschaftlich starken Staaten fest zu machen ist, so spielen heute die Global Players, also große Unternehmen wie Siemens, Daimler Chrysler oder Coca-Cola aber auch IWF und Weltbank, eine sehr wichtige Rolle. Teilweise besitzen sie aufgrund ihrer wirtschaftlichen Stärke mehr Macht als die Staaten selbst. Kritiker befürchten deshalb auch einen zu großen Machtverlust des Staates, wie er bereits in 2.2.5 beschrieben wurde.

Ein neues Problem ist das Aufkommen von Protest und Kritik gegen die Globalisierung. Sicherlich hat es in Zeiten der Kolonialisierung Aufstände und Unruhen innerhalb der kolonialisierten Gebiete gegeben, jedoch liegen die Kritikpunkte heute an anderen Stellen. Während man früher überzeugt davon war, dass weltweiter Handel nur gut für alle sein kann, so ist heute oft von Benachteiligung der wirtschaftlich schwachen Länder oder von der Entmachtung des Staates die Rede. Wirtschaftswissenschaftler wie Elmar Altvater oder Joseph Stiglitz veröffentlichten globalisierungskritische Werke wie „Die Grenzen der Globalisierung" oder „Die Schatten der Globalisierung" und sorgten damit für Diskussionsstoff, da nicht nur die mit der Globalisierungs-Diskussion einhergehende Klima-Diskussion sondern erstmals auch andere Probleme wie die Benachteiligung der Entwicklungsländer aufkamen. Aus diesen Ansätzen heraus bildeten sich globalisierungskritische Gruppen und Vereinigungen wie es sie in früheren Zeit eben nicht gegeben hat.

4. Fazit

Obwohl ich mich lange mit meinem Thema befasst habe und dabei die Meinungen vieler Wirtschaftswissenschaftler und Politiker analysiert habe, ist eine Beantwortung der Fragestellung, ob die Globalisierung ein neuer Begriff für ein altes Phänomen ist, schwierig, da viele Faktoren eine Rolle spielen.

Unbestritten ist, dass es Welthandel und internationale wirtschaftliche Zusammenarbeit schon immer gegeben hat. Seit jeher bestanden Handelsverbindungen und Kooperationen, bei denen es zu bedeutenden Handelsgeschäften kam. Was wäre beispielsweise mit der stark importabhängigen britischen Textil-Industrie gewesen, hätte man auf Baumwolle aus Übersee verzichten müssen oder wie wäre heute das Verhältnis zwischen Europa und Amerika, hätten nicht seit so langer Zeit Verbindungen zwischen beiden Kontinenten bestanden. Institutionen wie IWF, Weltbank, OECD und WTO wären vermutlich nicht zustande gekommen.

So gesehen sind all diese Entwicklungen Vorstufen der heutigen Form der Globalisierung, die – ohne Zweifel stärker ausgeprägt als früher – die Welt immer weiter zusammenwachsen lässt und zu immer mehr internationaler Zusammenarbeit beiträgt.

Zusammenfassend sollte man das Zitat Ulrich von Weizsäckers also eher kritisch betrachten. Die Zeit in der sich als sich die modernen Kommunikationstechniken explosiv über die ganze Erde ausbreiteten trägt zwar dazu bei, dass sich die Entwicklung Globalisierung beschleunigt wird, aber die Weichen für die heutige Form der Globalisierung wurden meiner Meinung nach bereits in früheren Zeiten weltwirtschaftlicher Entwicklung gestellt.

Literaturverzeichnis

Bundeszentrale für politische Bildung (Hrsg.), Informationen zur politischen Bildung, Nr. 280/2003: Globalisierung, Bonn 2003

Greenpeace Magazin, November-Dezember 2002, Hamburg 2002

Müller, Klaus: Globalisierung, Lizenzausgabe für die Bundeszentrale für politische Bildung, Bonn 2002

Osterhammel, Jürgen; Petterson, Niels P.: Geschichte der Globalisierung, München 2003

Plaqué, Karl-Heinz: In „Das Parlament", 51. Jahrgang / Nr. 3-4, Berlin, den 19.01.2001

Plaqué, Karl-Heinz: „Globalisierung – neuer Begriff für ein altes Phänomen?" in: Handwerger Manfred (Hrsg.): Wirtschaft und Politik, Arbeitsbuch der gymnasialen Oberstufe, Bamberg 1999

Stiglitz, Joseph: Die Schatten der Globalisierung, Lizenzausgabe für die Bundeszentrale für politische Bildung, Berlin 2002

Weizsäcker, Ernst Ulrich von in: „Das Parlament", 51. Jahrgang / Nr. 3-4, Berlin, den 19.01.2001